ORAISON FUNE`BRE
DE MADAME
GABRIELE MARIE
DE BOURBONNE
ABBESSE DE JUVIGNY.

Prononcée dans l'Eglise de l'Abbaye de Juvigny le troisiéme d'Avril 1705.

Par un Pere de la Compagnie de JESUS.

A VERDUN,

Chez DIDIER FANART Imprimeur du ROY & de Monseigneur l'Illustrissime & Reverendissime Evêque Comte de Verdun.

ORAISON FUNEBRE
DE MADAME
GABRIELLE MARIE
DE BOURBONE
ABBESSE DE JUVIGNY

1745

ORAISON FUNEBRE
DE MADAME
GABRIELE MARIE
DE BOURBONNE
ABBESSE DE JUVIGNY.

In vita sua suffulsit Domum & in diebus suis corroboravit Templum. Eccli. 50.

Elle a soûtenu pendant sa vie la Maison du Seigneur & elle a affermi le Temple durant ses jours. Au Livre de l'Ecclesiastique Chap. 50.

PUISQUE le Saint Esprit nous ordonne *Eccli. 11. & 44.* de loüer les personnes vertueuses aprés leur mort, pour nous engager par là à les imiter ; ne nous permet-il pas aussi, pour donner plus d'éclat à leurs vertus, de leur appliquer quelquefois les pompeux éloges, qu'il a luy-même faits

A 2

du merite de certaines Ames choisies, & qu'il a voulu diftinguer? Non, MESDAMES, ce n'eft pas trop s'éloigner du fens naturel de la divine Parole, d'appliquer à une illuftre Abbeffe, qui par fes excellentes vertus a veritablement été le foûtien de cette fainte Maifon, ce que l'Ecriture nous dit d'un grand Pontife élevé au facré Miniftere aprés le rétabliffement du Temple de Jerufalem, qu'il fût, pendant fa vie, tout l'appuy & tout l'ornement de la Maifon du Seigneur. Eloge qui tout abregé qu'il eft, renferme tout ce qu'on pouvoit dire de plus avantageux à la gloire de ce faint Homme. Quand donc, aprés ce premier trait, l'Hiftorien Sacré nous repréfente le célébre Simon fils d'Onias, tantôt *Eccl.* comme l'étoile du matin, pour nous marquer comment *50.* l'éclat de fa fainteté s'eft repandu fur tout ce qui étoit *Ibid.* au deffous de luy; tantôt comme l'arc-en-ciel, fymbole de paix & d'union, pour nous donner une noble idée de fon zéle à reconcilier les hommes avec Dieu; tantôt *Ibid.* comme une rofe d'une agreable odeur, ou comme un parfum exquis, pour fignifier la bonne odeur de fes rares exemples, & la ferveur de fa priere; tantôt enfin *Ibid.* comme un olivier chargé de fruits, ou comme un vafe d'or orné de toutes fortes de pierres precieufes, pour exprimer fa tendre compaffion & fon extréme charité envers fes freres, ce ne font que comme de nouvelles couleurs, qu'il ajoute aux premieres, pour leur donner un nouveau jour : car tous ces traits fi beaux & fi

éclatants se trouvent par une sainte adresse admirable-
ment reunis dans ce seul trait : Il a soûtenu & affermi,
tant qu'il a vécu, la gloire de la Maison du Seigneur,
*In vita sua suffulsit Domum& in diebus suis corrobo-
ravit Templum.*

Ne vous semble-t'il pas, MESDAMES, re-
connoître, dans cette peinture, le portrait naturel
de TRES NOBLE ET TRES RELIGIEUSE
DAME GABRIELE MARIE DE BOURBONNE
ABBESSE DE JUVIGNY, dont nous pleurons aujourd'huy la mort. Vît-on jamais une ressemblance de
vocation, d'employ, de merite, plus parfaite, que celle,
que la grace a formée entre ces deux illustres personnes ?
L'un a esté choisi de Dieu pour estre l'appuy & la gloire
de son Temple, qui venoit d'estre rétabli, & l'autre
a esté appellée à la Religion pour estre le soûtien &
l'ornement de cét auguste Monastere, qui venoit d'estre
réformé. L'un avant le Christianisme a esté un modele
achevé de toutes les vertus Evangeliques, & l'autre a
depuis esté une exacte & fidelle copie du zele, de
la pieté, de la charité de ce grand-Homme.

J'avoüe que c'est au zele ardent de vôtre sage &
genereuse Réformatrice, que cette Royale Maison doit
son rétablissement dans son ancienne splendeur; mais
n'est-ce point aussi à la fervente pieté de celle, qui luy a
succedé, que vous estes redevables de la conservation,
& de l'accroissement de cette gloire si pure, qui vous
rend aujourd'huy si respectables à ceux, qui ont

l'honneur de vous connoître. Permettés moy de le dire, MESDAMES, l'une avec un courage vraymenct heroï-que a commencé, & même fort avancé l'œuvre de Dieu, mais l'autre luy a heureusement donné toute sa perfection. Ce n'étoit point assés pour une entiere réformation, qu'on eût jetté dans cette terre auparavant sterile & infructueuse toutes les semences des vertus Chrétiennes & Religeuses; c'est ce que vous devés aux constants travaux de la fidelle & prudente Scholas-tique; Il falloit encore l'arroser long-temps, & attirer en abondance sur elle les eaux salutaires de la grace, pour luy faire toûjours porter de bons fruits ; & c'est ce que vous devés à la vie sainte & exemplaire de la pieuse Gabriele, que la mort vient de nous enlever. L'une a été comme une Aurore naissante, qui a dissipé les plus épaissés ténébres, qui couvroient la surface de la terre, & l'autre a été comme un soleil plein de lu-miere, qui a achevé de les détruire, & de fortifier le beau jour, qui venoit de paroître. A Dieu ne plaise, MESDAMES qu'en parlant ainsi, j'aye en vûë de diminuer la gloire d'une illustre Réformatrice, pour relever celle d'une sainte Abbesse, dont la mémoire vous est si chere: Les vertus de feuë Madame de Juvigny sont trop écla-tantes pour avoir besoin de ces faux jours, que l'élo-quence du siécle n'essaye que trop souvent de répandre sur un mérite peu connû, pour luy donner un brillant, qu'il n'a pas de luy-même : mais je veux dire seulement,

que comme , fuivant l'oracle du Saint Efprit , la plus *Prov.*
folide gloire d'un pere , c'eft d'avoir un fils fage , &   *10.*
qui foit l'héritier de fes vertus; de même la principale
gloire de celle , qui a fi heureufement réparé les ruines
de la Maifon du Seigneur , c'eft de luy avoir laiffé ,
pour la gouverner aprés elle , la digne héritiere de fon
augufte nom , & de fes eminentes vertus. Deffein infpiré fans doute par le Pere des lumieres , qu'elle confulta
mille fois fur un fi jufte choix , mais deffein foûtenu enfuite par fa vertueufe Niéce avec tout le zéle , & toute
la dignité , que demandoit un employ fi relevé. Voila ,
MESDAMES , ce qui fait aujourd'huy devant Dieu &
devant les hommes la plus pure gloire de M. de Juvigny.
Les honneurs du Monde font paffés pour elle , & elle
les regarda effectivement toûjours comme des ombres ,
qui paffent; mais elle aura pendant tous les fiécles la
gloire d'avoir foûtenu & affermi cette fainte Maifon
dans l'heureufe fituation , où nous la voions aujourd'huy.
Il falloit pour cela empêcher que le relachement & l'efprit de divifion , funeftes fources de la ruine des maifons
Religieufes les mieux établies , n'entraffent de nouveau
dans le Lieu faint: la vigilante Abbeffe en a détourné l'un
par l'exemple d'une finguliere & parfaite regularité , &
elle en a banni l'autre par la pratique d'une charité
pleine de douceur & fans bornes. C'eft par la premiere
de ces deux vertus , le plus ferme appuy de la difcipline
réguliére , qu'elle a foûtenu fi glorieufement pour
elle , c'eft par la feconde , le plus folide principe d'une

sainte union, qu'elle a si avantageusement, pour vous, MES DAMES, affermi la Maison du Seigneur, *Suffulsit Domum et corroboravit Templum.*

Ne pleurons donc plus celle, dont les grandes vertus nous donnent si justement lieu non seulement d'esperer, que le Seigneur luy fera bientôt misericorde, mais même de présumer, qu'il a déja couronné, dans le Ciel, un si rare merite. C'est pour appuier encore mieux cette pieuse croiance, & achever de vous persuader de l'immortalité bienheureuse de cette sainte Ame, que je vas essayer de faire paroître les vertus de sa vie mortelle dans un plus grand jour. Je commenceray par la peinture de son exacte régularité, & je finirai par celle de son incomparable charité : ces deux traits de sa vie, qui renferment en abregé tous les autres, vont faire tout le sujet, & les deux parties de ce discours, que je consacre sans peine, & d'autant plus volontiers à la memoire de cette illustre Défunte, que je n'auray besoin ni de paroles étudiées, ni de tours recherchés pour m'exprimer, dans un éloge, où la flaterie ne peut avoir nulle part, & que l'amour seul de la verité m'a porté à entreprendre : Conmençons.

I.
Partie.
POUR pénétrer plus à fond, & vous faire mieux comprendre ce que j'ay à vous dire dans cette premiere partie, souffrés, MES DAMES, que je reprenne la chose d'un peu plus loin, & que je vous remette, en peu de mots, devant les yeux la situation, où étoit cette sainte Maison, quand M. de Juvigny en prît en main le gouvernement.

gouvernement. Le relâchement, qui pendant une longue suite d'années y avoit tout dérangé, & presque entierement détruit l'esprit de la Religion (Je ne crains pas de vous rappeller le souvenir de ces jours de ténébres, ce font des ombres, qui relévent avec éclat le bel ordre, qu'on admire aujourd'huy parmi vous) le relâchement, dis-je, en venoit d'eftre banni par l'infatigable zéle, & par la fage conduite de l'incomparable Scholaftique, que le Ciel avoit fufcitée, pour une fi glorieufe entreprife. La Maifon du Seigneur ainfi rétablie étoit donc, fi j'ofe m'exprimer de la forte, une maifon encore toute neuve, & il falloit foûtenir ce grand Edifice, qui tout appuié qu'il étoit fur les folides fondements de l'humilité la plus profonde, & de la plus étroite folitude, ne laiffoit pas d'eftre encore, dans ces commencemens, aifé à ébranler. Où pouvoit-on luy trouver un plus ferme appuy, que dans la prudente & religieufe Gabriele ? Elevée dés fes plus tendres années dans cette augufte Maifon, & remplie de l'efprit de fa vertueufe Tante, que luy manquoit'il pour achever ce que cette zélée Réformatrice avoit commencé avec un fi heureux fuccés ? Choifie par un confentement unanime de fes judicieufes fœurs, pour un fi noble deffein, elle feule s'en jugea incapable. Elle les conjura mille fois plus par fes

B

foûpirs & par fes larmes, que par fes paroles, de ne la point charger d'un fardeau, qui luy parut toujours au deſſus de ſes forces : mais enfin le Seigneur l'appelloit, il fallut ceder, & elle fut revêtuë des ornements de ſa dignité. Elle n'eut garde de ſe laiſſer éblouïr par l'éclat, qui en rejaillit ſur toute ſa perſonne : remplie d'une ſainte confuſion, elle s'humilia devant celuy, en qui elle avoit mis toute ſa confiance. C'eſt de vous, Seigneur, luy dit elle, au fond de ſon cœur, que j'attens tout mon ſecours, c'eſt ſur vôtre puiſſante protection, que j'ay toûjours fondé toutes mes eſperances, conduiſés moy dans les voyes, où vous voulés, que je conduiſe les ames, que vous venés de confier à mes ſoins. Tels furent les premiers ſentimens de cette vertueuſe Fille, quand elle ſe vit élevée à un rang, où elle n'aſpira jamais, dont elle ſe crut même toûjours indigne, & qu'elle n'accepta enfin, que parce-qu'elle ne le pût refuſer, ſans ſe rendre coupable d'une manifeſte reſiſtance aux ordres de Dieu.

Mais ſa foy ne fut point une foy purement ſpéculative, & languiſſante ; elle fut aſſés vive, pour luy faire croire, que le Seigneur pouvoit ſeul par ſa grace ſoûtenir la régularité rétablie dans ſa Maiſon ; mais elle ne fût ni vaine, ni préſomptueuſe, & elle la porta tout d'abord à

penſer aux moiens, dont il luy falloit uſer, pour
remplir dignement tous les devoirs de ſa vocation. Elle ne delibera pas long-tems ſur un ſi
important choix. Inſtruite par l'exemple de Jesus-
Christ même, elle ſe perſuada aiſément, que le
moien le plus doux & le plus efficace tout enſemble, pour maintenir une exacte diſcipline
dans une communauté Religieuſe, c'eſt la bonne
vie, & la régularité de ceux, qui la gouvernent:
car une vie ſainte & exemplaire, dit S. Auguſtin,
eſt une eſpéce d'exhortation continuelle, beaucoup plus vive & plus preſſante, que les plus
éloquents diſcours; c'eſt un argument ſans réplique
qui nous convaint, que ce que d'autres hommes
côme nous font, nous le pouvons faire comme eux.

En effet, Meſſieurs, l'exemple d'une vie
ſainte a de certains charmes, qui enlévent nôtre
cœur doucement, & ſans le forcer; & comme il
n'eſt rien, dont nous ſoyons plus jaloux, que de
nôtre liberté, nous ſuivons ſans peine l'attrait,
qui nous attire ſans la violer; au lieu que nous
reſiſtons tout naturellement aux ordres imperi-
eux d'une autorité ſuperieure, dont on uſe,
pour nous contraindre. M. de Juvigny remplie
d'une lumiere toute celeſte connoiſſoit trop bien
la diſpoſition du cœur humain, pour le vouloir
conduire à Dieu, par d'aûtres voyes que celles,

B 2

que je viens de marquer.

Si elle avoit voulu user de la voye de l'autorité, pour maintenir l'ordre dans sa Maison, y eut'il jamais d'Abbeſſe, dans ce célébre Monaſtere, qui le pût faire avec plus de dignité & plus d'efficace tout enſemble ? Comme la nobleſſe imprime dans ceux, en qui elle ſe trouve, un certain caractére d'élevation & de grandeur, qui ſemble naturellement dominer ſur les cœurs, & en exiger toute la ſoumiſſion; La ſainte Abbeſſe, ſans parler des rares qualités de ſon eſprit & de ſon cœur, n'eut'elle pas, par cet endroit, tout ce qu'il faut, pour fonder une autorité capable d'inſpirer l'obeïſſance la plus ſoûmiſe?

L'ancienne & illuſtre Maiſon de Livron vous eſt depuis long-tems trop bien connuë, MESDAMES, pour vouloir m'engager à vous faire icy un détail exact de ſes titres de nobleſſe, & de ſes charges. Vous n'en ignorés ni la ſource, qu'on ne découvre qu'avec peine, & audelà d'un trés grand nombre de ſiécles; ni les alliances, qui l'ont renduë ſi conſiderable en France, par les grands noms de Turenne, de Noaïlles, de Beauvilliers, de Créqui, d'Anglure; & en Lorraine, par ceux de Lénoncourt, d'Apremont, de Baſſompierre, de Savigny, de Baudricourt, de Madruche, de Duchatelet, de Haraucourt & de tant d'autres;

avec lefquels ceux de Livron & de Bourbonne
fe trouvent fi glorieufement mélés ; ni les marques
éclatantes d'honneur, foit dans l'Eglife, où elle a
fi fouvent été, & où elle eft encore aujourd'huy,
avec tant de gloire, honorée de la pourpre, dans la
perfonne d'un illuftre Cardinal plus diftingué par *Mon-*
le judicieux choix, que le plus éclairé & le plus *feigneur*
le Car-
fage Prince du monde a fait de luy, pour rem- *dinal de*
Noxilles
plir le premier Siége de l'Eglife de France, que *Arche-*
par mille belles qualités, qui luy ont fi uni- *véque*
de Paris.
verfellement attiré l'eftime, la veneration & l'a-
mour de fon peuple ; foit dans l'Epée, où elle
a brillé dans les premiers emplois ; foit dans le
Gouvernement de l'Etat, où elle a été élevée aux
Ordres de nos Rois, & à tout ce qui peut le
plus piquer l'ambition des gens de qualité &
de mérite. Une nobleffe, fi connuë & appuiée
par de fi glorieux titres, ne donnoit elle pas à M.
de Juvigny un légitime pouvoir de commander
avec autorité, fans qu'on pût juftement luy dif-
puter un droit fi bien fondé ?

Une Ame moins Religieufe, & en qui l'efprit du fiécle n'auroit pas encore été entierement
éteint, fe feroit fans doute prévalu d'un avantage fi grand aux yeux du monde, pour faire
obferver des Loix, dont elle auroit crû fe pouvoir, avec honneur, difpenfer elle-même : mais

la fervente Abbesse toute remplie de l'esprit de
Jesus-Christ, loin de penser seulement à user d'un
droit si specieux, craignit toûjours si fort de
porter, sur ce point, les choses à quelque excés,
qu'on ne l'entendit jamais, même à l'égard des
personnes les moins considerables de la Maison,
se servir de ces termes, je le veux, je l'ordonne.

Ayant donc renoncé, en quelque sorte, à tout
le droit, que sa naissance luy donnoit de soûtenir,
par la voye de l'autorité, la discipline réguliere,
que son illustre Tante avoit rétablie, elle ne
s'appliqua plus, qu'à la faire observer par l'exemple
d'une régularité parfaite ; voie beaucoup plus
conforme à la douceur Evangelique, & à la ferveur
Chrétienne, dont elle étoit toute pénetrée, &
que le saint Esprit luy avoit luy-même tracée
long-tems auparavant : car il avoit si bien tourné
le cœur de la jeune Gabriele, qu'à l'âge de cinq
ans, qu'elle entra pour la premiere fois dans cette
sainte Maison, il en avoit déja fait un cœur tout
religieux. En effet, avec quelle ardeur ne voulut-
elle pas délors quitter tout-afait le monde, pour se
consacrer à Dieu dans la Religion ? On eut beau
ensuite, à l'âge de douze ans, où les jeunes personnes de qualité commencent à goûter les plaisirs
du siécle, l'éprouver par la veuë des plus a-
greables spectacles ; Paris, & la Cour, loin de

l'ébranler, ne firent que l'affermir davantage : elle ne pût s'empécher d'y marquer un extréme dégoût pour le monde ; desorte que M. la Duchesse d'Orleans, surprise & touchée d'un si nouveau spectacle, dit un jour à Madame de Livron, qu'elle devoit renvoier au plûtôt sa fille dans sa chere solitude de Juvigny, puisque le monde n'étoit point fait pour elle, ni elle pour le monde. Delà, Messieurs, jugés avec quelle ferveur d'esprit, dégagée des liens du siecle, elle s'attacha à Dieu, quand elle eut le bonheur, le jour de sa profession, de le prendre pour son Epoux ; avec quelle régularité elle marcha pendant toute sa vie, dans l'épineuse carriére, que sa vertueuse Tante luy avoit ouverte par l'établissement de la Reforme.

Régularité exacte en tout ; Régularité sans affectation, & pleine d'humilité ; Régularité constante, jusqu'au dernier moment.

Non, Messieurs, Madame de Juvigny ne changea rien dans sa conduite, quand elle se vît obligée de veiller sur celle des autres. On ne distingua jamais en elle la Superieure de l'Inferieure. Simple Religieuse, ou Abbesse, elle observa toûjours, avec une égale ferveur, les plus menuës pratiques, qui semblent n'être d'obligation, que pour les Novices. Son exactitude à garder la Regle du silence alloit, si je l'ose dire, jusqu'à une espéce d'excés. Mille raisons sembloient l'en

difpenfer ; on ne la vît neantmoins jamais, fans
une extrême neceffité, ni prévenir, ni paffer le
tems prefcrit par la Regle, pour parler. Mais fidelle
difpenfatrice des tréfors de fageffe, dont le Seigneur l'avoit remplie, fi en tout autre tems, quelqu'une de fes Filles s'adreffoit à elle, pour luy
communiquer quelque fecret de fa confcience,
elle quittoit tout dans le même moment fans peine,
& avec une fainte promptitude, pour l'écouter,
& pour l'inftruire. Occupée du gouvernement
d'une grande Maifon, & par confequent chargée
de mille affaires, qui l'obligeoient quelquefois,
malgré elle, d'interrompre les œuvres de piété,
qu'on pratique dans le Cloître, manqua-t'elle
jamais de les reprendre dans un autre tems,
rendant fouvent à Dieu, pendant la nuit,
à l'exemple du Sauveur, ce qu'elle n'avoit pû luy
donner pendant le jour.

Que ne vous eft-il permis, MESDAMES, de
parler icy en ma place, & de raconter ce que
vous feules avés vû, que ne diriés vous point
de la fcrupuleufe délicateffe de confcience, qui
a paru, dans toute la vie de vôtre fainte Abbeffe ? Sinceres témoins de fa Religieufe ferveur
vous nous diriés, combien de fois elle a réfifté
à vos tendres & juftes empreffemens, lorfque
vous vouliés l'engager à s'adoùcir, au moins par
quelque

quelque leger foulagement, la rigueur de la Regle, pour conferver une fanté, qui vous étoit fi chere ; avec quelle force elle a combattu par fes vives exhortations l'efprit de tiédeur ; avec quelle fermeté elle s'eft toûjours oppofé à tout ce qui pouvoit introduire le moindre relâchement dans la difcipline ; de combien d'innocentes adreffes elle a ufé, pour maintenir parmi vous cét efprit de régularité, qui vous diftingue, avec tant de gloire, des autres Societés Religieufes ; tantôt en offrant, dans le fecret de fon cœur, des vœux à Dieu, pour attirer fes graces fur vous ; tantôt en recourant à la Mere de mifericorde, envers laquelle elle avoit une tendre, & folide devotion, qu'elle effaïoit à toute heure de vous infpirer ; tantôt en faifant réciter des prieres publiques, pour implorer le fecours de la fainte Protectrice de cette Maifon, dont elle a en mille occafions reffenti les effets ; tantôt en établiffant la loüable coûtume de faire tous les ans, devant l'augufte Sacrement de l'Autel, une folemnelle reparation, avec toutes les pratiques les plus humiliantes, dont on peut ufer dans une fi fainte cérémonie, pour tâcher fur tout d'effacer, par une œuvre fi pieufe, les fautes qu'on a commifes contre les devoirs particuliers, qu'on doit rendre à Dieu dans la Religion. Vous nous

C

apprendriés, quel sensible plaisir c'étoit pour elle, de vous entendre dire que son illustre *Niéce, qui vous gouverne aujourd'huy avec tant de sagesse, & tant de douceur, étoit un parfait modele de regularité ; que l'humble Tante contoit pour peu de chose toutes les rares qualités, qui brillent avec tant d'éclat dans cette vertueuse Fille ; cét esprit vif, aisé, pénétrant ; cette merveilleuse facilité à parler sur toutes choses avec tant de netteté, & de justesse; cette connoissance des verités saintes, qui passe de beaucoup la portée ordinaire des personnes de son sexe; ces manieres également nobles & engageantes, qui luy attirent d'abord & si aisément le cœur de ceux, qui ont l'honneur de luy parler ; que tout cela, dis-je, n'étoit aux yeux de M. de Juvigny, que de médiocres talents, & que ce qui luy rendoit si chere cette Niéce distinguée par tant de beaux endroits, c'étoit cette singuliere modestie, cette constante egalité dans la pratique de tous ses devoirs, que vous admirés en elle.

Toutes preuves convaincantes du zéle, qui consumoit peu à peu le cœur de la fervente Abbesse, & la rendoit si attentive à l'exacte observation des Constitutions & des Réglements de la Réforme, que tranquille sur tout le reste, elle étoit toujours inquiéte sur ce point, craignant le relâchement mille fois plus, que toutes les pertes des biens temporels de la Maison.

Y eut-il jamais, avec une régularité aussi édifiante, une plus grande droiture, une humilité plus sincére, & plus dégagée de toute estime de soy-même ? Tel, Messieurs, est le déréglement naturel de nôtre cœur : quelque vertu que nous ayions, si nous n'y prenons garde, poussés par un orgueil secret, nous cherchons à paroiftre encore plus vertueux, que nous ne sommes en effet. Foiblesse humaine, à quoy le cœur de M. de Juvigny fortifié par la grace ne succomba jamais: car incapable de se déguiser, il ne voulut jamais paroiftre au dehors, que ce qu'il fut effectivement toûjours au dedans. Tout ce que faisoit cette incomparable Fille, elle le faisoit avec un air si naturel, & si éloigné de ces vaines affectations, qui rendent la vertu suspecte & même odieuse, qu'on n'y remarqua jamais rien, qui n'édifiât, & ne fit plaisir à celles, qui la voïoient. Comme elle apporta dans le Cloitre, en y entrant, toute la candeur, & toute la simplicité d'un enfant, elle y conserva de même sans peine jufqu'à la mort, une si rare vertu, qui avec mille autres belles qualités, faisoit dans cette digne Superieure un agreable mêlange, qui, charmoit tout le monde. Elle ne put jamais s'accommoder de ces détours trop étudiés, dont on use quelquefois, pour ménager des efprits delicats : mais auffi cette candeur fi charmante, & fa douceur naturelle la mirent toûjours à couvert des plaintes améres, que produit d'ordinaire une réprehenfion qu'on n'aime pas.

Toutes les vûës d'une Ame fi droite ne tendoient qu'au Ciel, fans jamais fe réflechir ni vers la terre, pour s'y fixer, ni fur elle même pour s'y attacher. Mes yeux, Seigneur, difoit-elle fans ceffe à Dieu avec un faint Roy, n'ont de plaifir, que lorf- qu'ils font tournés vers vous, & je n'aime à les tourner vers les chofes d'icy bas, qu'autant que j'y découvre vos divines perfections, & qu'elles me fervent pour m'élever à vous. Cette droiture, & cette fainte fimplicité avoient produit, dans un cœur fi bien tourné, une humilité fans bornes. L'entendit-on jamais, je ne dis pas, fe loüer elle même; cela luy parût toûjours indigne d'une ame un peu généreufe; mais même dire un feul mot, qui fît le moins du monde fentir la gran- deur de fa naiffance? Elle ne pouvoit fur tout fouffrir ces loüanges fades & peu fincéres, qu'on prodigue fi aifément en faveur des Grands, pour s'infinüer dans leur efprit, & fi quelqu'un s'échappoit à luy préfenter un encens de fi mauvais goût, elle marquoit auffitôt par un air ferieux & modefte, combien il luy déplaifoit.

Elle craignoit infiniment, à l'exemple d'un
saint Prophete, le grand jour du Monde, comme Psal. 55.
le plus dangereux écueil de l'humilité Chrétienne,
& elle s'étudia toûjours, pour l'éviter, à se cacher, autant qu'elle pût aux yeux des hommes.
C'est icy, MESDAMES, que je dois vous rappeller
le souvenir d'une action digne d'une éternelle
memoire, & où l'humilité de M. de Juvigny
paroit dans toute son étenduë ; elle vous a été
long-tems inconnuë, parce que cette sainte Ame
avoit pris des soins tout particuliers, pour nous
la cacher : mais enfin, maintenant que nous la
sçavons, l'esprit de verité nous commande de la
publier, pour nous édifier nous-mêmes. Repré-
sentés vous donc, Messieurs, une famille honnête
d'une Ville du voisinage tombée, soit par quelque
accident imprevû, soit par le malheur des tems
dans une misére extréme. Dieu qui veut quelquefois éprouver la fidelité de ses plus zélés
serviteurs, permit que la sainte Dame en fût
instruite : le récit qu'on luy en fit, la toucha
d'abord sensiblement : elle ne délibera pas long-
tems sur le party, qu'elle avoit à prendre.
Animée du même esprit de charité, que le saint
Evêque de Myre, & craignant sur tout pour
de pauvres filles, qui étoient d'un âge à
être pourvûës, elle résolut de mettre leur hon-

neur à couvert, & de foulager leur mifere.
Deffein digne du courage heroïque de cette grande
Ame ! Mais elle vouloit rendre invifible la main,
qui devoit faire cette aumône. De quel faint
artifice n'ufa-t'elle pas pour l'exécution d'un fi
beau projet ? Jamais l'humilité Chrétienne ne
parût plus ingenieufe à cacher fes bonnes œuvres.
Elle fait venir un étranger, homme d'une prudence & d'une probité reconnuë, à qui elle
confie fon fecret : elle commence par l'obliger
à ne le révéler jamais ; & aprés luy avoir marqué
fes intentions, & défigné les perfonnes malheureufes, qu'elle veut fecourir, elle le charge de
leur donner tous les ans, fous fon propre nom,
une efpèce de penfion fuffifante, pour les tirer
de la neceffité, où elles font reduites. Pratique
qu'elle continüa pendant plufieurs années, facrifiant
ainfi à Dieu toute la gloire, qui pouvoit fi juftement luy revenir d'une fi généreufe action.
Avoüons, MESDAMES, qu'une œuvre de ce caractére, où l'on n'apperçoit pas la moindre trace
ni de l'amour propre, ni de l'eftime de foy-même,
a quelque chofe de bien éclatant.

Mais ne croiés pas que l'humble Abbeffe fe
foit bornée à une feule action de cette nature.
Toûjours également attachée à la charité & à
l'humilité Chrétienne, elle a encore bien d'autres

fois donné, fous des noms empruntés, de groffes
fommes d'argent, pour aider à élever dans la
pieté de jeunes filles, qu'elle n'avoit pû recevoir
dans fa Maifon, fe retranchant à elle-même par
ces pieufes adreffes toute la part, qu'elle auroit
pû prendre à ces œuvres d'éclat. Elle aima
particuliérement, toute fa vie, de foûlager la neceffité
de ces malheureufes perfonnes, que la honte em-
péche de découvrir le mauvais état, où elles
font reduites, parce que les détours, dont elles
ufent pour fe cacher, luy fervoient comme d'un
voile obfcur, pour envélopper fes aumônes dans
le filence.

Une humilité fi généreufe avoit infpiré à cette
Ame héroïque, pour le mépris & pour l'éloi-
gnement de toutes fortes de diftinction, un
amour, que je ne puis vous exprimer. Bien
loin d'ufer de certaines libertés, que toute autre
qu'elle, auroit regardées, comme des droits juftement attachés à la dignité d'Abbeffe, elle ne
voulut jamais, quelque infirme qu'elle fût,
confentir qu'on la diftinguaft des autres, ni pour
le vivre, ni pour fes meubles, ni pour les petits
ornements de fa chambre, où rien ne pouvoit
faire remarquer ce qu'elle étoit. On luy a vû
porter des habits fi ufés, qu'il falloit fe fervir de
quelque innocente adreffe, pour l'engager à en
prendre d'autres. Nous fommes, difoit-elle, les

pauvres de JESUS-CHRIST, & nous ne devons point rougir de paroître ce que nous sommes. Mais quel charmant spectacle pour vous, MESDAMES, de voir une personne d'un rang si élevé & d'un si rare merite s'abbaisser quelquefois, par un vray desir de s'humilier, jusqu'à baiser les pieds d'une simple Converse, & s'occuper aux plus viles fonctions de la Maison ! Que cela est grand, non pas aux yeux des mondains, qui ne jugent des choses, que par les fausses vûës du siécle, mais aux yeux du Pere des lumieres, devant qui tout ce qui n'est point vertu Chrétiénne, veritable sainteté, n'est qu'une pure illusion, qu'une frivole & chimerique grandeur !

Une Régularité si exacte & si pleine de droiture ne pouvoit manquer d'être constante ; aussi l'a-t'elle été, jusqu'au dernier jour.

Avés vous, MESDAMES, jamais vû cette vertueuse Fille se démentir un seul moment dans la pénible carriere, où elle commença à marcher, quand elle entra dans cette sainte Maison ? Rendons icy justice à la verité ; tout le monde sçait que vôtre vie est une vie trés édifiante, mais tout le monde ne sçait peut-être pas combien elle est dure, laborieuse, contraire aux inclinations de la nature & des sens. J'avoue

qu'il

qu'il n'eſt rien de ſi difficile, qu'on ne puiſſe pratiquer avec les ſecours du Ciel, mais aprés tout
il faut de la force & du courage, pour ſuivre tous
les mouvemens de la grace. Mille ſpecieux pré-
textes de complexion foible, de ſanté uſée,
d'âge avancé, d'employ fatigant, de longs ſervices
déjà rendus à Dieu & à la Religion, ſont de
preſſants motifs, à une ame peu fidelle, pour
relâcher au moins quelque choſe de la rigeur
d'une vie, dont l'amour propre ne s'accommode
guéres. Mais, vaines & charnelles raiſons, vous
eûtes beau ſolliciter le cœur de l'humble & gé-
néreuſe Abbeſſe ; conſtante à repouſſer tous vos
traits, elle ne recula jamais d'un ſeul pas dans la
voye de l'exacte régularité, à quoy elle ſe crut
appellée ; & ſi dans le cours de ſa vie on a ſur
ce point remarqué quelque changement en elle,
ce n'a été que dans l'accroiſſement de ſon admirable ferveur, laquelle, s'augmentant effectivement
chaque jour, paroiſſoit par conſequent, chaque
jour, nouvelle & plus grande.

Que dis-je, MESDAMES, que vous n'ayiés mille
fois admiré, ayant même, comme vous m'avés
fait l'honneur de me l'avoüer, peine à comprendre,
comment une fille d'une complexion auſſi dé-
licate & auſſi foible, pût ſi long-tems ſoûtenir
tout le poids d'une vie auſſi auſtére, que la vôtre.

D

Mais ce n'eſt point encore tout. Comme le Seigneur, ainſi que nous le pouvons préſumer pieuſement, avoit deſtiné à une ame ſi fidelle une gloire éclatante dans le Ciel, il voulut l'é-prouver par la diſgrace du monde la plus rude, & la plus difficile à ſupporter, afin de luy don-ner lieu de mériter, par l'exercice d'une invincible patience, la couronne, qui luy étoit préparée. Vous me prévenés ſans doute, MESDAMES, & le cœur encore ſerré de douleur, vous vous rappellés le triſte ſouvenir de l'affligeante ſituation, où vous avés vû pendant plus de quinze ans la ſainte Dame, par la perte preſque entiere de ſa veuë: mais avec quelle fermeté d'eſprit, avec quelle ſoumiſſion aux ordres du Seigneur, dont elle adoroit, avec un reſpectueux & parfait devoüe-ment, la main qui l'avoit frappée! Prévenus des ſentimens que la nature inſpire dans ces critiques occaſions, vous croyez & avec raiſon, Gens du monde, qui n'avez pû être les témoins de toutes les bonnes œuvres qu'elle a pratiquées dans le Cloître, vous croiés, qu'elle ne penſa plus, dans un ſi fâcheux état, qu'à s'adoucir les rigeurs d'un mal ſi violent, & qu'elle relâcha enfin quel-que choſe de ſa regularité ordinaire : Non, Meſſieurs, elle n'en fut ni moins fervente, ni moins attachée à tous ſes devoirs. A peine fut

elle frappée de cette dure affliction, qu'elle parut
l'oublier, & elle observa toûjours la Régle autant
que son incommodité luy permit. Zelée plus que
nulle autre à chanter les loüanges du Seigneur,
elle continüa d'assister aux divins Offices, où
elle goûtoit une tendre & sensible dévotion, qui
la soûtenoit. S'il arrivoit, que pour quelques pres-
santes raisons elle ne pût se faire conduire au
Chœur, toûjours disposée à rendre à Dieu tout
ce qu'elle croioit luy devoir, elle se faisoit reciter
en particulier l'Office de l'Eglise, & en recitoit
elle-même tout ce que sa memoire luy en pouvoit suggerer.

C'estoit sur tout dans ces jours de ténébres pour
son corps, que son esprit accoûtumé à s'élever à
Dieu par la Priere, plus libre encore & plus
éclairé pénétroit, & goûtoit beaucoup mieux les
verités célestes. C'étoit alors que dégagé entierement
des choses visibles & porté sur les ailes de la Co-
lombe, il voloit jusques dans le sein du Pere des
lumiéres, où il se remplissoit de si vives & de si
sublimes connoissances, que M. de Juvigny sem-
bloit, aprés l'Oraison, être une toute autre personne, & parloit des choses saintes, & même des
affaires temporelles avec tant de facilité & de
netteté, qu'il étoit aisé de juger, qu'elle avoit
puisé dans la source même les lumieres qu'elle

D 2

communiquoit aux autres.

Rare exemple de régularité, MESDAMES,
avec quoy, comme avec le plus ferme appui de
la difcipline Religieufe, cette digne Superieure a
fi glorieufement foûtenu pendant fa vie la Maifon
du Seigneur, & empéché que le relâchement ne
s'y gliffât pour l'ébranler ! Ce font là les differents degrés, dont parle un Prophete, qu'elle
avoit fi réguliérement arrangés dans fon cœur,
& enfuite difpofés au dehors, pour vous faire
monter avec elle dans le Ciel. C'eft là ce bruit
myfterieux qu'elle a fait retentir dans cette grande
Maifon, par où elle a touché vos cœurs, &
vous a porté à rendre vos vœux au Tout-puiffant
& tout le culte, qui luy eft dû. Et comment
dociles & foûmifes, autant que vous l'étes, à
tous les mouvemens de la grace, n'auriez-vous
point été, pour parler ainfi, emportées par
l'exemple d'une vie fi réguliere & fi édifiante ?
Beniffez donc à jamais le Dieu d'Ifraël, d'avoir
donné à fon peuple, pour le conduire, un Guide
fi fidele & fi éclairé. Heureufe mille fois, d'avoir
foûtenu, par une vie fi fainte, la régularité
de cette Maifon; plus heureufe encore de l'avoir
fi avantageufement fortifiée contre l'efprit de
divifion par cette charité fans bornes, qui fait le
fecond trait de fon caractére & va faire la fe-

conde partie de mon difcours.

IL eft certain, fuivant la parole de Jesus- II Partie
Christ même, que comme il n'eft rien qui foit
plus capable de ruiner un corps civil, que l'efprit de divifion, quand il s'y eft une fois gliffé,
il n'eft rien au contraire qui luy donne plus de
force, pour fe conferver dans fon premier état,
que l'efprit de concorde & d'union entre les
differentes parties qui le compofent. Maxime fi
univerfellement reconnuë dans la Morale Chrétienne, que c'eft fur ce fondement, que les Fon-
dateurs des divers corps Réguliers, qui font l'un
des plus beaux ornemens de l'Eglife, ont tous,
comme de concert, bâti les differens fiftêmes des
Ordres particuliers, qu'ils ont établis, perfuadés
que de la parfaite union qui feroit entre le Chef
& les membres, dépendoient le bon ordre &
toute la force, fans quoy ils ne pourroient long-
tems fubfifter dans leur premiere inftitution. En
effet, mesdames, qu'eft-ce qu'une Societé Religieufe, où regne l'efprit de divifion, finon un
corps fans ame, un corps tout féculier, d'où
les intrigues mondaines, l'orgueil, l'intereft,
l'amour propre ont banni l'efprit de la Religion
qui l'animoit.

M. de Juvigny penetrée de cette importante
verité, ne penfa, au moment qu'elle fe vit

chargée du gouvernement de cette Maiſon, qu'à prendre les meſures les plus juſtes & les plus efficaces, pour y maintenir le bel ordre, & la charmante union, qui depuis la Réforme, en avoient fait une maiſon de ſainteté, un vray Temple du Seigneur. Dans cette vûe elle ne s'appliqua point à faire de nouveaux réglemens, pour en exclure, par la force des Loix, l'eſprit de diviſion. Elle ſçavoit trop bien que l'union, ſur laquelle roule tout le bon ordre d'une Communauté Religieuſe, ne doit point être forcée, & ne peut durer long-tems, ſi elle n'eſt fondée que ſur des Loix exterieures qui l'ordonnent. Vous luy ſuggérâtes, Seigneur, vous qui teniez ſon cœur entre vos mains, une voye beaucoup plus Chrétienne, & plus propre pour arriver à ſon but : & ce fut, MESDAMES, de réunir tous vos cœurs dans le ſien par les nœuds d'une tendre & affectueuſe charité, & de vous communiquer en même tems, par ce ſaint artifice, ſon propre eſprit, & ſon propre zéle pour l'exacte obſervation de la Regle. Car de même que tous les anneaux d'une chaîne ſuivent partout le premier chaînon auquel ils ſont attachés ; de même unies à cette fervente Abbeſſe, par les liens d'un attachement reciproque, vous avez été heureuſement attirées dans les mêmes voyes de la perfection Religieuſe, où

elle a, pendant toute sa vie, marché avec une
exactitude toûjours égale.

Mais il falloit, pour faire réussir un si beau
projet, que la charité de M. de BOURBONNE eût
deux qualités essentielles, sans quoy toutes ses
vûës auroient été vaines. Elle devoit être commune, & s'étendre sans nulle acception des
personnes, sur toutes celles qui luy étoient soûmises.
Elle devoit encore avoir un certain caractére
d'égalité, où l'on ne remarquât nulle difference,
que par rapport aux differents mérites qu'on
peut & qu'on doit toûjours distinguer, suivant
les regles d'une prudente justice. N'est-ce pas là
MESDAMES, ce qui vous a tant de fois charmé
dans les pratiques de la charité de cette incomparable Superieure ? Aussi n'est-ce que pour sou-
lager vôtre douleur, que je veux vous en retracer
icy ces deux traits, en publiant les éminentes
vertus d'une personne a qui vous avez été si
cheres.

Je ne puis vous peindre mieux au naturel cette
charité commune, qui a été comme la vertu propre
& speciale de cette digne Abesse, qu'en vous la
représentant avec les mêmes traits avec quoy
saint Augustin nous a peint la charité même,
& vous verrez que peut-être jamais deux portraits
ne furent plus semblabes. La charité, dit ce

faint Docteur, est une vertu bienfaisante, qui est toûjours la même & ne change point; mais qui sans cesser d'être une, a le merveilleux secret de se multiplier, & de se partager en autant de manieres, qu'il faut, pour s'accommoder aux differents besoins de tout le monde. Elle donne la vie aux uns, elle compatit aux miseres des autres, elle est affectueuse à l'égard de ceux qu'elle console, elle use d'une douce severité envers ceux qu'elle reprend, elle n'est ennemie de personne, c'est une mere commune pour tous : *Eadem semper charitas alios parturit, cum aliis infirmatur, aliis blanda, aliis severa, nulli inimica, omnibus mater.* Hé bien, MESDAMES, que dites-vous de ce portrait, tout racourci qu'il est, ne vous semble t'il pas être tout le même que celuy de la charité de vôtre sainte Superieure ? Pour en juger encore mieux, essayons de luy donner un peu plus de jour.

N'attendez-pas, que je m'arrête icy à vous marquer, avec quelle profusion cette misericordieuse & agissante vertu a répandu hors de cette Maison ses douces influences, pour conserver la vie à une infinité de miserables, qu'elle a même cherchés, lorsqu'ils ne se sont pas présentés d'eux-mêmes, pour les recevoir : Je sortirois des bornes que je me suis prescrites, & chacun sçait assez, que tous
les

les pauvres ont toûjours trouvé dans M. de
Juvigny une reſſource aſſûrée dans leurs miſeres;
qu'ingenieuſe à ſe former chaque jour de nouveaux motifs de faire l'aumône, elle en faiſoit
tous les ans habiller cinq en l'honneur de JESUS-
CHRIST, de ſa ſainte Mere & de ſaint Joſeph,
de ſaint Benoît Fondateur de l'Ordre, & de ſainte
Scholaſtique Protectrice de cette auguſte Maiſon.

Je ne vous diray donc pas combien de fois elle
a abondamment pourvû à la néceſſité de tant de
malheureuſes perſonnes, qui ont eu ſecrettement
recours à elle dans leurs beſoins : ni avec quelle
liberalité, touchée de l'extréme pauvreté de quelques communautés de Filles qui ſont dans la Pro-
vince, elle leur a pluſieures fois ſi généreuſement
fourni de quoy ſubſiſter honnêtement : ni avec
quelle demonſtration de tendreſſe, ſenſible à la
perte d'une autre maiſon Religieuſe preſque en-
tiérement conſumée par le feu, elle y envoya,
outre de groſſes aumônes en argent, des vivres
en abondance, ſes propres meubles, & ſon
propre lit. Fideles miniſtres de ſa charité, c'eſt
à vous, maintenant qu'elle n'eſt plus, à publier
ces bonnes œuvres, qu'elle a, pendant ſa vie, ſi
religieuſement cachées aux yeux des hommes,
pour ne les laiſſer paroître qu'aux yeux de celuy
de qui ſeul elle en attendoit la recompenſe.

E

Mais comment pouvoir taire ce qu'elle fit dans ces ſteriles & dures années, où la miſere commune mit ſi ſouvent les pauvres dans un danger évident de perir par le défaut de vivres ? Ce fut alors que ſa charité, comme une ſource féconde qui porte l'abondance partout, répandit ſes tréſors non ſeulement dans tous les villages, qui ſont de la dépendance de Juvigny, mais encore dans les terres les plus reculées, où la diſette étoit égale. Elle commença par épuiſer ſes greniers ; cette ſource étant tarie, ſa charité infiniment éclairée luy en fit bientôt découvrir d'autres. Elle diſtribua des ſommes d'argent conſiderables pour acheter des grains; & mettant toute ſa confiance dans les ſoins de la Providence, elle ne craignit pas de tomber elle même dans la pauvreté, qu'elle cherchoit à ſoulager dans les autres.

Mais je paſſe à des œuvres de charité, qui vous touchent de plus prés, MESDAMES, & dont vous avez vous-mêmes été ou les objets ou les témoins. Par quelle vûë croïés-vous, que la charitable Abbeſſe, ſi attachée à la retraite & à la méditation des verités celeſtes, voulut eſſuyer de ſi pénibles travaux, pour faire rentrer dans la Maiſon des biens conſiderables autrefois alienés par le mauvais état des affaires, où les malheurs de la guerre l'avoit reduite ? Penſés-vous que ce fut pour se procurer à elle-même, par cette réunion, de nouveaux titres d'honneur ? Contente d'être la premiere & la plus humble de toutes les servantes du Seigneur, elle refusa toûjours avec un généreux mépris tout ce qui sentoit la gloire mondaine, & elle ne souhaita jamais d'avoir du bien, que pour le répandre sur les autres. Ne fut-ce peut-être pas pour avoir de quoy soûtenir, avec plus de magnificence, la dignité dont elle étoit revétuë ? Sentimens de la chair & du sang si contraires à l'esprit de la mortification Chrétienne qu'elle pratiquoit si durement, vous n'eûtes nulle part à une œuvre qui luy couta tant de peines, ce fut la charité seule qui la luy suggera. Convaincuë qu'une exacte régularité se soûtient beaucoup mieux, quand rien ne manque à ceux qu'on veut engager à l'observer, elle ne pensa à achever de rétablir les biens temporels de cette Maison, que pour avoir plus aisément lieu, sans rien retrancher de ses aumônes ordinaires, de fournir à ses Filles, & surtout aux malades, tout ce qu'une bienseance Religieuse peut permettre. Aussi n'entendit-on jamais d'autres plaintes sur ce point, que celles qu'elle fit peut-être quelquefois elle-même, de ce que les Officieres n'exécutoient pas toûjours assez promptement les ordres qu'elle donnoit, dans la vûë que rien ne manquât

E 2

à personne.

Agréés, MESDAMES, qu'en loüant ce que cette bonne Mere a fait pour vous, je fasse conoître aux étrangers qui m'écoutent, l'un des plus beaux endroits de sa vie, qu'il leur est peut-être plus important de sçavoir, que nul autre. Ce n'est plus d'une œuvre de charité pratiquée en faveur de quelque particulier, où même de toute une Communauté, que je veux parler. Ce n'est plus de ces aumônes abondantes, qu'on ne fait qu'en de certains tems, ni de ces secours extraordinaires, avec quoy M. de Juvigny a soulagé des villages, des villes, & même des provinces presque entieres : c'est d'une œuvre de charité, qui durera toûjours, & à quoy il n'est point de famille, qui ne puisse avoir part. Vous comprenés sans doute ma pensée, MESDAMES, vous qui charmées du généreux détachement de cette Ame héroïque avés si souvent admiré avec une joie sainte, à quel point elle a porté la charité Chrétienne, par la resolution de recevoir sans dot toutes les filles, qui auroient une véritable vocation à l'Etat Religieux. Charité pure & desinteressée, sil en fut jamais, d'autant plus admirable, que cette grande Maison située dans une frontiére, où l'on est souvent en danger de voir porter le flambeau de la guerre, peut avoir besoin de ces secours légitimes, pour se soûtenir elle-même.

Aprés cela, Messieurs, ne soiés plus surpris, que pour attirer sur toutes les Pensionnaires de la Maison les benedictions celestes, elle en ait toûjours voulu prendre une sans pension, qu'elle ait si souvent fait de magnifiques presents aux Eglises, pour l'ornement des Autels ; qu'elle ait quelquefois même, avec quelque sorte d'excés, étendu ses liberalités sur les pauvres Curés, qui ne sont point de la dépendance de Juvigny ; que son zéle pour l'instruction de la jeunesse l'ait porté à entretenir à ses gages dans plusieures Paroisses de sa nomination des personnes sages & habiles, pour inspirer de bonne heure aux Enfans la pieté Chrétienne, en leur enseignant les premiers éléments des lettres humaines : il est aisé, aprés ce que j'ay eu l'honneur de vous dire, de conclûre, que la charité commune de M. de Juvigny a été sans bornes.

Mais revenons à ce qui vous regarde, MESDAMES, & de la scrupuleuse vigilance avec laquelle cette charitable Superieure a toûjours pourvû si liberalement aux besoins du corps, jugeons avec quelle attention elle a aussi toûjours veillé sur ceux de l'esprit, dont elle craignoit bien plus les moindres suites, que tout le danger de ceux-là

Je ne vous rediray point avec quel zéle, elle s'est toûjours appliqué à éloigner de vous l'esprit de tiédeur, funeste maladie de l'ame qui la fait souvent tomber dans une défaillance mortelle. Le caractére, que je vous ay fait de sa régularité, parle sur cét article assez hautement pour elle. Mais qui pourroit nous dire avec quelle bonté, avec quelle sagesse elle travailla sans relâche à rassurer les ames timides, que l'ennemy de nôtre salut s'efforçoit de troubler ; avec quels sentimens de tendresse, & quels ménagemens elle s'étudia toûjours à leur rendre la paix du cœur, que ce cruel persecuteur leur ôtoit quelque fois par de rudes & importunes tentations ? Iamais nulle affaire, pour importante qu'elle fût, ne l'empêcha alors de leur ménager tous les momens qu'elles luy demanderent, ni de leur donner tous les secours qu'elle put, démêlant, avec une prudence toute celeste, les trompeuses suggestions de l'Ange de ténébres d'avec les vrayes inspirations de l'Ange de lumieres ; de sorte que nulle de ses Filles ne la consulta jamais sur les divers mouvemens de son cœur, sans être également contente & de la douceur affectueuse avec laquelle elle avoit été reçûé & des sages conseils qu'on luy avoit donnés, *alios parturit.*

Je ne sçais s'il y eût jamais personne, qui fût plus

propre pour confoler les ames affligées, que
M. de BOURBONNE. Il fembloit que la nature &
la grace luy euffent, comme de concert, donné
tout ce qu'il faut pour s'acquiter, avec un fuccés
toûjours heureux, d'une fonction, où fi peu de
perfonnes réuffiffent. Parut-il jamais dans ces
occafions fi délicates, fur fon vifage, de ces airs
fecs & trop ferieux, qui font d'ordinaire perdre
toute la confiance, qu'on devroit avoir en
ceux, qui tiennent à nôtre égard la place de
Dieu? Remarqua-t'on jamais dans fes paroles le
moindre figne d'impatience, qui pût faire fentir
qu'on luy étoit alors à charge? Toûjours pleine
de douceur & toûjours égale, elle gagnoit par
fa feule vûë le cœur de celles qui s'ouvroient
à elle: un feul de fes regards infpiroit aux
ames abbatuës une force, qui ne pouvoit venir
que de l'efprit de Dieu, qui habitoit en elle.
Infirme, comme faint Paul, avec les infirmes,
trifte avec celles qui étoient dans la trifteffe,
fouffrant avec celles qui fouffroient, elle les
déchargeoit toûjours par une tendre compaffion,
au moins d'une partie de leurs peines, *cum aliis
infirmatur.*

Falloit-il, pour fatisfaire à fon devoir, reprendre celles qui étoient tombées dans quelque
faute: avec quelles précautions, avec quelles

démonstrations d'une sincére amitié ne prévenoit
elle pas toutes les mauvaises suites d'un reméde,
qui tout salutaire qu'il est en luy-même, ne
laisse pas souvent d'aigrir le mal, qu'on veut
essayer de guérir? Et s'il arrivoit qu'elle fût, contre
son gré, obligée d'y mêler quelque chose d'un
peu fort & de désagreable à l'amour propre,
elle en sçavoit si bien temperer l'amertume, par
mille petits adoucissements & par cét air gracieux
& plein de bonté qui luy étoit si naturel, qu'on
benissoit toûjours, en la quittant, la misericordieuse main qui avoit guéri le mal d'une maniere
si efficace & si douce tout-ensemble, *aliis blanda,
aliis severa.*

On peut bien juger qu'un cœur aussi bien
tourné ne devoit point avoir d'ennemis. La
vertueuse Dame n'en a effectivement jamais eu
qui ayent, le moins du monde, troublé la paix de
son ame. Le respectueux attachement que toutes
ses Filles ont toûjours eu pour elle, joint à une
parfaite soûmission à tout ce qu'elle vouloit, est
une preuve décisive, qu'il n'y eût jamais dans
leurs cœurs nul mouvement d'aversion contre elle.
Et si pour de mauvaises raisons d'interest, ou de
soupçons mal fondés, il s'est trouvé au dehors
quelqu'un, qui ait eu le malheur d'être son ennemy, il a en même tems eu l'avantage de ne la
point

point avoir pour ennemie : car toûjours tranquile
au milieu de l'orage, elle aima toûjours, avec une
charité vraiement Chrétienne, tous ceux qui
essayerent de la troubler, & pratiquant à la lettre
le conseil de l'Evangile, elle pria en particulier
pour eux, & fit encore faire publiquement des
vœux pour leur salut, *nulli inimica.*

De tout ce que je viens de dire de la charité
commune de M. de Juvigny, conclüons qu'elle fut
pour toutes ses Filles une vraie Mere : je dis pour
toutes, sans nulle exception, puisqu'elle n'en
rebuta jamais aucune, pour peu sociable
qu'elle pût étre. Il faut l'avoüer, MESDAMES,
à la gloire de cette grande Ame : il n'est
pas toûjours aisé, quelque force d'esprit qu'on
ait, de pratiquer cette charité commune,
qui n'a nul égard aux qualités naturelles des personnes, avec qui l'on vit. La diversité des hu-
meurs, qui se trouvent d'ordinaire dans une
Communauté nombreuse, certains caractéres
d'esprit, pour qui on se sent même malgré soy
une espéce d'antipathie, certains défauts naturels
qui nous revoltent, certaines maniéres contraires
aux nôtres, & que nous n'aimons pas font des
obstacles, dont la victoire coûte quelque fois
d'étranges violences à nôtre amour propre ; mais
victoire, qui parut si peu coûter à celle que

F

nous pleurons, qu'à voir les maniéres obligeantes, dont elle usoit envers tout le monde, on auroit crû que toutes ses Filles étoient sans défaut, de même humeur, de même caractére d'esprit, toutes d'un naturel également heureux, & porté au bien. On ne se plaignit point pendant sa vie, qu'il y eut dans cette Maison, ce qu'on ne voit que trop souvent ailleurs, de ces petits troupeaux choisis, & séparés du commun, sur qui tombent toutes les graces & toutes les marques de tendresse, tandis qu'on n'a que de la froideur & de l'indifference pour les autres : source ordinaire de mille petites envies, qui portent le feu de la division jusques dans le Sanctuaire, & rompent si aisément l'union des cœurs. Comme M. de Juvigny n'aima ses cheres Filles que pour Dieu, elle les aima de même toutes dans la même vûë. Conduite pleine de sagesse, & de cette charité qui n'a nul égard à ses propres interests, & qui fait le vrai caractére de la sainteté Chrétienne, si efficace pour entretenir dans une Société Religieuse l'esprit de concorde, en quoy consiste la principale force de la discipline réguliere, *omnibus Mater.*

Je crois, MESDAMES, qu'après vous avoir retracé, avec des traits si bien marqués, la charité commune de M. de Juvigny, il seroit inutile de vous dire encore qu'elle a été exempte de ces inégalités mal-fondées, qui terniffent quelquefois tout l'éclat de la charité la plus liberale & la plus defintereffée. La prudente Abbeffe étoit trop éclairée, & trop ferupuleufement attachée à tous fes devoirs, pour donner dans un fi dangereux écüeil. Elle fut donc pour toutes fes Filles une Mere commune ; mais non, comme ces Meres peu raifonnables, qui aiment, fi vous voulez, tous leurs enfans avec quelque tendreffe, mais qui ont de certaines careffes de réferve pour ceux, dans qui une aveugle paffion leur fait voir quelques foibles attraits, qu'ils n'ont pas. Elle rendit toujours juftice au mérite, & fçut bien le diftinguer par tout où elle le trouva ; mais jamais nulle veüe purement humaine, nulle confideration d'intereft ou d'amour propre ne la régla, ni dans la diftribution des emplois de fa Maifon, ni dans les marques d'eftime & d'affection, qu'elle donna à celles qui les méritoient. S'il y eut dans fa conduite quelque inégalité fur cét article, ce ne fut que par des motifs de juftice ou de religion : fi elle ufa de quelques préférences, ce ne fut qu'envers celles qui fe les étoient attirées par une plus grande régularité & par une plus édifiante pieté : Nulle autre n'eut jamais lieu de fe plaindre qu'on ne la confidérât, & qu'on ne

F 2

l'aimât pas autant qu'on devoit.

Une charité si bien réglée n'avoit-elle donc pas, MESDAMES, tous les charmes qu'il falloit, pour attirer vos cœurs, & les unir à celuy d'une si bonne & si vertueuse Mere ? C'est aussi par la force de ces doux liens, à laquelle vous n'avez pû résister, qu'elle a si bien réünis tous vos cœurs dans le sien, qu'on pouvoit justement dire de vous ce que l'Historien sacré a dit des premiers Fidelés, que vous n'étiez toutes ensemble qu'un même cœur, & qu'une même ame, *cor unum & anima una.* Union tendre mais ferme & efficace, par où cette digne Superieure a si heureusement preservé le Lieu saint du feu de la division, & fortifié si avantageusement le Temple du Seigneur, contre les attaques ouvertes & contre les surprises secretes de l'homme ennemy qu'il n'a pû, malgré tous ses efforts, y faire entrer, pour en troubler l'ordre; ni l'envie avec ses plaintes & ses murmures, ni l'interest propre avec toutes ses intrigues, ni la diversité de sentimens sur les points de foy contestés par les Novateurs & décidés par l'Eglise. Tout a toûjours été tranquile à Juvigny par les charitables soins de la vigilante Abbesse, & l'esprit de ferveur, qu'elle y a si religieusement entretenu, y subsistera tandis qu'on y conservera l'esprit de paix & d'union qu'elle y a si sagement établi.

De même donc qu'on louera pendant tous les
siécles cette généreuse femme si connuë dans
l'Histoire sainte, par la défaite du Général des Assi-
riens, pour avoir ménagé avec tant de dexterité
l'esprit de son peuple, que nul ne troubla pendant
sa vie, le repos d'Israël; ainsi, MESDAMES, la mémoire de vôtre incomparable Abbesse sera en éternelle benediction parmi vous, pour avoir toûjours gouverné cette grande Maison avec tant de
sagesse, que durant ses jours, ni le relâchement, ni
la discorde n'ont jamais pû la déranger : *In omni
spatio vitæ ejus non fuit qui perturbaret Israël.* *Judith.16*

Fatal coup ! qui a tranché le cours d'une vie si
belle, & nous a enlevé une Superieure si digne du
rang qu'elle occupoit, si pleine de bonté & de tendresse pour toutes ses Filles. Ah ! s'il m'est permis de
vous le dire, Seigneur, ne deviez-vous pas leur
laisser un peu plus long-tems une Mere, qui les
consoloit dans leurs afflictions, qui les soûtenoit
dans leurs disgraces, qui les déchargeoit de ce qu'il
y a de plus penible dans la vie Religieuse, pour s'en
charger elle même ? Mais que dis-je, & à qui par-
lé-je quand je parle ainsi ? n'est-ce point à des ames
remplies de cette foy vive, qui nous fait envisager
les maux de cette vie comme de vrais biens, qui
peuvent nous aider à nous élever à Dieu ? C'est
ainsi que M. de Juvigny, plus éclairée que nous,

les regarda toûjours : Bien loin de les craindre, &
de les éviter, elle les rechercha pour s'unir par
des nœuds si étroits à Jesus-Christ le modéle des
ames souffrantes : car pressée par les ardeurs de
sa charité, elle voulut peu de jours avant sa mort,
toute abbatuë qu'elle étoit, & plus dans le besoin
de recevoir que dans le pouvoir de donner du
soulagement aux autres, elle voulut aller elle-
même secourir une de ses Filles mourante ; &
ce fut dans la pratique de cette œuvre de misericorde, que victime de la charité qui la consumoit, elle reçût dans ce moment, que vous luy
aviez fixé, ô mon Dieu ! le coup mortel, qui
a achevé le sacrifice, par où son ame pure &
innocente a été dégagée des liens de son corps,
& portée, comme nous le pouvons croire pieu-
sement, dans le séjour des Bien-heureux. Car
fut-il jamais dans le Cloître une Religieuse plus
scrupuleusement attachée à tous ses devoirs, une
Novice plus fervente, une Professe plus réguliere
plus distinguée par la mortification & par le
mépris de soy-même ; une Superieure plus sage,
plus vigilante, plus charitable ; dont le cœur
toûjours uni à Dieu, prioit presque sans nulle in-
terruption, & attiroit à tout moment sur cette
heureuse Maison les plus abondantes benedictions du Ciel.

Qu'il luy a donc été doux de mourir, aprés avoir si bien rempli, durant cinquante six ans de profession, & quarante trois de superiorité, tous les devoirs d'une parfaite Religieuse, & d'une parfaite Abbesse ! De là cette esperance ferme, qui l'a soûtenuë jusqu'au dernier moment; delà cette confiance en la misericorde du Seigneur si consolante, qui luy a fait envisager la mort, non avec ces inquiétantes craintes, qui agitent le cœur d'une Religieuse peu fervente, incertaine du sort qu'elle doit attendre ; non comme un tribut onéreux, que tout homme est contraint de païer à la divine justice, mais comme un heureux passage à une meilleure vie. De là ces tendres, & pieux desirs d'aller joüir des purs embrassements du celeste Epoux, dont l'amour brûloit son cœur ; de là ces vœux si ardents & si affectueux, par où elle demandoit continuellement à Dieu, de la délivrer au plûtôt, de la dure prison de son corps. Loin donc de craindre la mort, elle la souhaita avec une sainte impatience d'être unie à celuy que son ame aimoit; & le moment, qui luy avoit été marqué, étant arrivé ; comme elle redisoit encore ces amoureuses paroles d'un saint Prophéte, qu'elles avoit si souvent prononcées, pendant sa courte maladie : *De même Psal. 41 ô mon Dieu ! que le cerf alteré cherche avec une extréme ardeur l'eau des fontaines, ainsi mon ame défire d'aller à vous,* Elle rendit doucement fon efprit à fon Createur, avec tous les fignes d'un bonheur affuré.

Dois-je donc vous demander, Seigneur, le repos éternel pour une ame fi pieufe & fi conftante dans la pratique de tous fes devoirs, puifque nous avons tout lieu de préfumer, que vous avez déjà ufé de mifericorde envers elle ? Mais enfin s'il luy reftoit encore à effacer quelqu'une de ces taches que la fragilité humaine ne peut éviter, fans un don fpecial de vôtre grace, nous allons vous offrir pour elle le facrifice de l'Agneau fans tache, qui peut effacer tous les pechés du monde. C'eft par les mérites de cette précieufe Victime que nous vous prions d'accorder au plûtôt à une Ame fi pure & fi innocente la claire vûë de vôtre divine Effence, fi elle n'en joüit point encore. Imprimez auffi dans nos cœurs un ardent défir, & une forte réfolution de marcher dans cette vie fur les traces, que l'illuftre morte pour qui nous vous faifons des vœux, nous a fraiées, afin qu'aprés avoir imité fur la terre un fi beau modéle de la régularité Religieufe, & de la charité Chrétienne, nous puiffions un jour vous voir & vous aimer avec elle éternellement dans le Ciel. Ainfi foit-il.